John Rutter

Weihnachtslieder von John Rutter

Acht Weihnachtslieder in deutscher Übersetzung

Inhalt

OXFORD
UNIVERSITY PRESS

OXFORD
UNIVERSITY PRESS

Great Clarendon Street, Oxford OX2 6DP,
United Kingdom

Oxford University Press is a department of the University of Oxford.
It furthers the University's objective of excellence in research, scholarship, and education by publishing worldwide. Oxford is a registered trade mark of Oxford University Press in the UK and in certain other countries

First published 2023

Impression: 1

ISBN 978-0-19-356618-7

Music originated on Sibelius
Printed in Great Britain on acid-free paper by
Halstan & Co. Ltd, Amersham, Bucks.

Verzeichnis der Orchestrierungen

Alle Stücke in diesem Band sind auch als Versionen mit Orchester erhältlich. Partituren und Instrumentalstimmen können bei www.oup.com zum Verleih bestellt und wenn angezeigt auch käuflich erworben werden.

All Himmelsglocken
2Fl, Ob, 2Cl, Fg, 2Hrn, Hf, Str (*Verleih*)

Engels-Carol
2Fl, Ob, 2Cl, Fg, 2Hrn, Hf, Str (*Verleih und Verkauf*)

Hirtenflöten-Carol
Fl/Picc, Ob, Fg, 2Hrn, Hf (opt), Str (*Verleih und Verkauf*)
Picc, Ob, Hp, Org (*Verkauf*)
Diese Begleitung ist auch in dreizeiliger Notation für Orgel erhältlich.

Kerzenlicht-Carol
Fl, Ob, Hf, Str (*Verleih und Verkauf*)

Krippen-Carol
Str, Org (opt) (*Verleih und Verkauf*)

Sternen-Carol
2Fl, 2Ob, 2Cl, 2Fg, 2Hrn, 2Schl, Hf, Str (*Verleih und Verkauf*)
4Trp, 3Pos, Tba, Pk, Schl, Klav/Org (*Verleih*)
Picc, Ob, Hf, Org (*Verkauf*)

Welch süß're Klänge
Str (*Verleih und Verkauf*)

Wiegenlied zu Weihnachten
Fl, Ob, Cl, 2Hrn, Str (*Verleih und Verkauf*)

All Himmelsglocken

(All bells in paradise)

Dt. Übers.: Tobias Martin

*Text und Musik
JOHN RUTTER

*Der Englische Titel dieses Liedes stammt von einem traditionellen (Corpus Christi) Lied aus dem 15. Jahrhundert.

20
SOPRAN
A
p e dolce
ALT
TENOR
BASS
Klang zu hör'n:
sound to hear:
All Him-mels - glo - cken hört' ich so
All bells in pa - ra - dise I heard them
26
klar
ring,
schal - lend wie Lob-ge-sang der himm - li - schen
Sound - ing in ma - jes - ty the news that they
31
cresc.
mf
Schar;
bring;
All Him - mels - glo - cken hört' ich so
All bells in pa - ra - dise I heard them

36
(mf)
klar; Gott schickt den Ret - ter, Mensch - ge -
ring, Wel - com - ing our Sa - viour, born on
(mf)
p
40
mp
- bor'n, doch himm - li - scher Zar.
earth a hea - ven - ly King.
B f
All Him - mels -
All bells in
mp
f
B
Gt.
Gt. p cresc.
f
45
mf
mp
- glo - cken hört' ich so klar: Eh - re Gott in der Höh' als
pa - ra - dise I heard them ring: 'Glo - ry to God on high' the
mf
mp
Sw.
mf
Sw.

50
Ma - ri - a ge - bar.
an - gel voi - ces sing.
Ch.
mp
Sw.
Ch.
56
C TENOR und BASS
mp dolce
2. Tief in Ehr - furcht er - grif - fen, zwei - feInd, ich frug, was dies
2. Lost in awe and won - der, Doubt - ing, I asked what this
p
Sw.
ohne Ped. 16'
62
cresc.
Zei - chen sei: Christ, der Mes - si - as ent - hüllt in der
sign might be: Christ our Mes - si - ah re - vealed in a
cresc.
(+16')

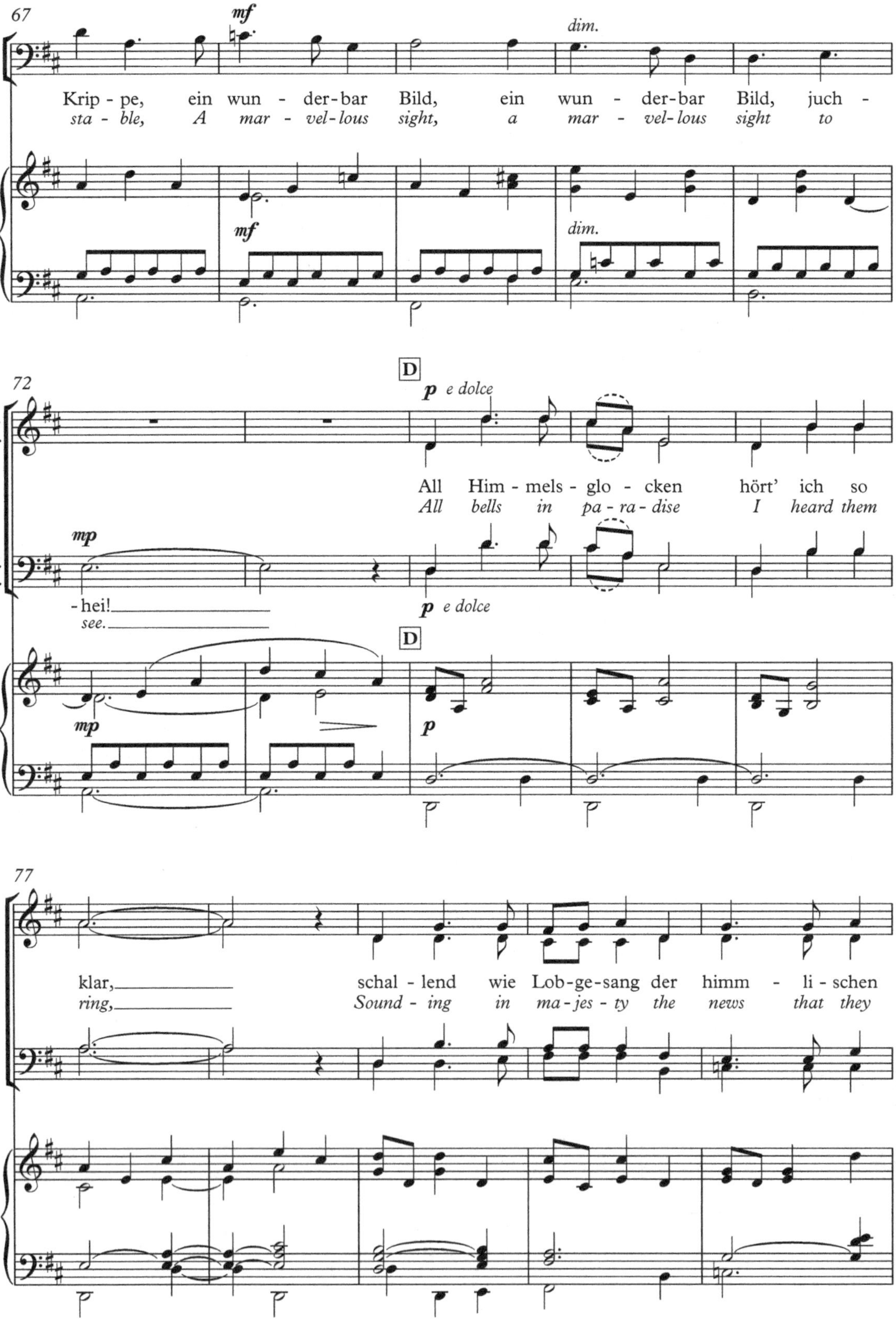
67
mf
dim.
Krip - pe, ein wun - der - bar Bild, ein wun - der - bar Bild, juch -
sta - ble, A mar - vel - lous sight, a mar - vel - lous sight to
mf
dim.
72
D
p e dolce
S.
A.
All Him - mels - glo - cken hört' ich so
All bells in pa - ra - dise I heard them
mp
T.
B.
- hei!
see.
p e dolce
D
mp
p
77
klar, schal - lend wie Lob - ge - sang der himm - li - schen
ring, Sound - ing in ma - jes - ty the news that they

82
cresc.
mf
Schar; All Him - mels - glo - cken hört' ich so
bring; All bells in pa - ra - dise I heard them
cresc.
mf
cresc.
mf
87
(mf)
klar; Gott schickt den Ret - ter, Mensch - ge -
ring, Wel - com - ing our Sa - viour, born on
p
91
mp
E
pp dolce e legato
- bor'n, doch himm - li - scher Zar. 3. Im Frie - den er
earth a hea - ven - ly King. 3. He comes down in
mp
pp dolce e legato
E
Sw. p
pp
Man.

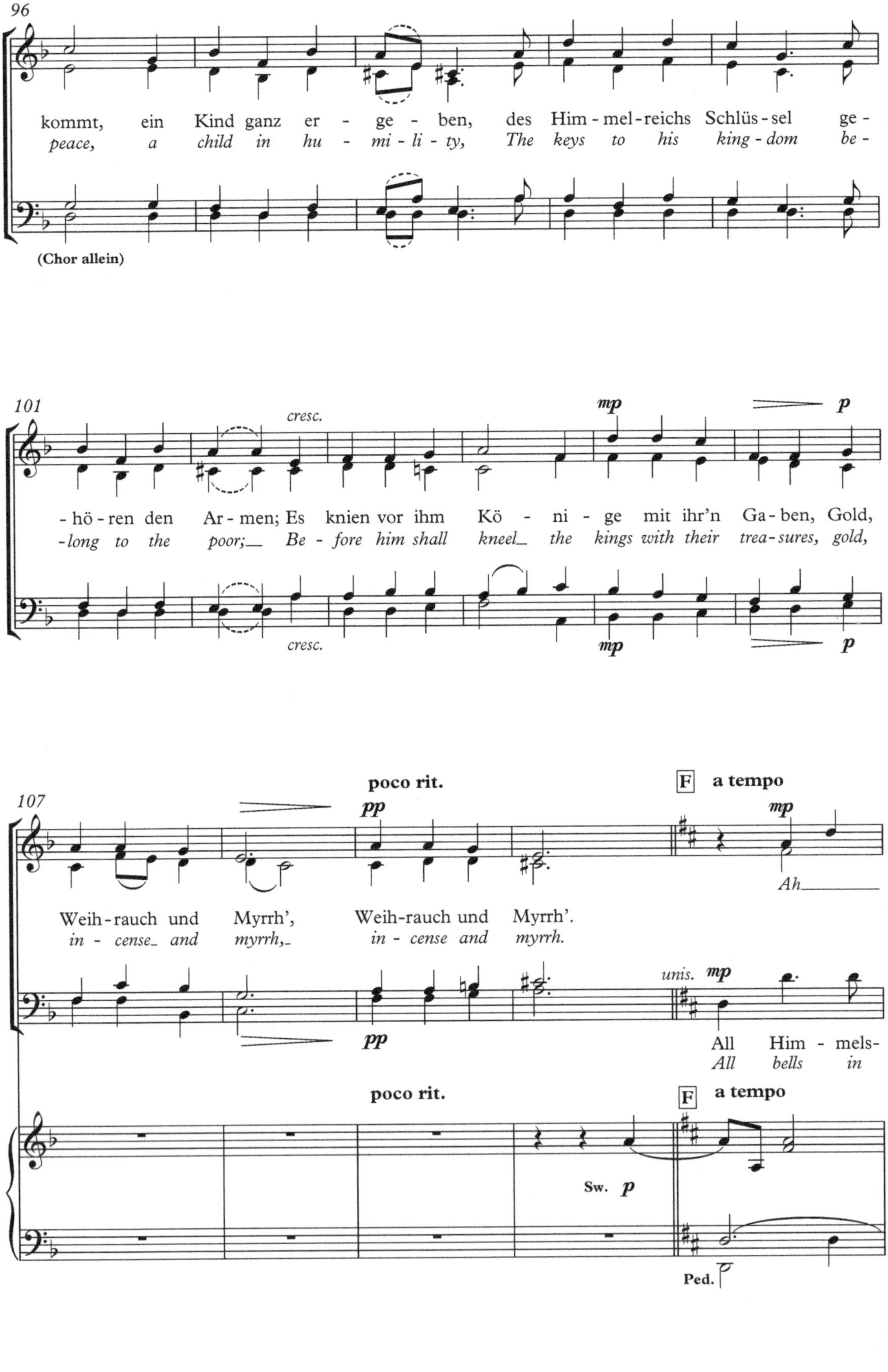
96
kommt, ein Kind ganz er - ge - ben, des Him - mel - reichs Schlüs - sel ge -
peace, a child in hu - mi - li - ty, The keys to his king - dom be -
(Chor allein)
101
cresc.
mp
p
- hö - ren den Ar - men; Es knien vor ihm Kö - ni - ge mit ihr'n Ga - ben, Gold,
-long to the poor; Be - fore him shall kneel the kings with their trea - sures, gold,
cresc.
mp
p
107
poco rit.
pp
F
a tempo
mp
Ah
Weih - rauch und Myrrh', Weih - rauch und Myrrh'.
in - cense and myrrh, in - cense and myrrh.
unis.
mp
pp
All Him - mels-
All bells in
poco rit.
F
a tempo
Sw.
p
Ped.

112
ah
-glo - cken hört' ich so klar,
pa - ra - dise I heard them ring,
116
ah
schal - lend wie Lob-ge-sang der himm - li - schen Schar;
Sound - ing in ma - jes - ty the news that they bring;
120
mf
ah
cresc.
mf
All Him - mels - glo - cken hört' ich so
All bells in pa - ra - dise I heard them
cresc.
mf

124
dim.
p
ah
ah
dim.
mp
klar; Gott schickt uns den Ret - ter, Mensch - ge -
ring, Wel - com - ing our Sa - viour, born on
mp
128
-bor'n doch himm - li - scher Zar.
earth a hea - ven - ly King.
Gt.
cresc.
Gt.
132
G
f
mf
All Him-mels - glo - cken hört' ich so klar: 'Ehr sei Gott
All bells in pa-ra - dise I heard them ring: 'Glo - ry to
f
mf
G
Sw.
f
mf
Sw.

137
mp
dim.
rall.
p
in der Höh' So singt die Eng - els - schar, Im
God on high' the an - gel voi - ces sing, The
mp
dim.
p
rall.
mp
dim.
p
meno mosso
molto rit.
Lento
142
dim.
pp
Him-mel singt die Eng - els - schar.
an - gel voi - ces sweet - ly sing.
meno mosso
Tacet ad libitum
molto rit.
pp
Lento

Engels-Carol

(Angels' Carol)

Text und Musik
JOHN RUTTER

Dt. Übers.: Moritz von Freyhold

12
Stern, wie er scheint so strah - lend,
star shin-ing out so bright - ly
15
Wo-mit Gott uns zeigt, dass Chri - stus ist nun da?
As a sign from God that Christ the Lord is here?
A
19
SOPRAN
mf
Hört ihr die - se Mär, die da kommt vom Him - mel,
Have you heard the news that they bring from hea - ven
TENOR
mf
Hört ihr die - se Mär, die da kommt vom Him - mel,
Have you heard the news that they bring from hea - ven
A

23
Für die arm - en Hir - ten, die schon war - ten lang?
To the hum - ble shep - herds who have wait - ed long?
Für die arm - en Hir - ten, die schon war - ten lang?
To the hum - ble shep - herds who have wait - ed long?
cresc.
27
B
f freudig
S.
Glo-ri - a in ex - cel - sis De - o, Glo-ri - a in ex-
A.
Glo-ri - a in ex - cel - sis De - o, Glo-ri - a in ex-
T.
Glo - ri - a in ex - cel - sis, Glo - ri - a in ex-
B.
Glo - ri - a in ex - cel - sis, Glo - ri - a in ex-
f

31
mf
-cel - sis De - o! Hört der En - gel freu - di - gen Ge - sang.
Hear the an - gels sing their joy - ful song.
mf
-cel - sis De - o! Hört der En - gel freu - di - gen Ge - sang.
Hear the an - gels sing their joy - ful song.
mf
-cel - sis De - o! Hört der En - gel freu - di - gen Ge - sang.
Hear the an - gels sing their joy - ful song.
mf
-cel - sis De - o! Hört den freu - di - gen Ge - sang.
Hear them sing their joy - ful song.
mf
35
C
p
Ah
unis. p legato
2. In der Win - ter - zeit
2. He is come in peace
C
dim.
p legato

39
Ah
brin-get er uns Frie - den
Wie der lei - se Schnee - fall
in the win-ter's still - ness,
Like a gen - tle snow - fall
43
mp cresc.
Ah
Ah
mp
mf dolce
in der san-ften Nacht.
Bringt uns Freu - de dar
in the gen - tle night;
He is come in joy
cresc.
mf
47
Ah
mf
Ah
wie die Sonn' am Mor - gen,
Füllt die gan - ze
like the sun at morn - ing
Fill - ing all the

50
ah
D
dim.
p dolce
ah
Er kommt her in
He is come in
dim.
Welt mit Glanz und Strah - len - pracht.
world with ra - diance and with light.
D
dim.
p
54
Lie - be
love
Lie - - be als das Kind Ma - ri - as,
love as the child of Ma - ry;
In dem Stall so
In a sim - ple
p
(Summen)
58
poco cresc.
ärm - lich, den er nun er - hellt.
sta - ble we have seen his birth:
poco cresc.
poco cresc.

62
E
S.
A.
T.
B.
mp
Glo-ri-a in ex-cel-sis De-o!
Glo-ri-a in ex-cel-sis De-o!
Glo-ri-a in ex-cel-sis De-o,
Glo-ri-a in ex-cel-sis De-o,
dim.
66
p
„Frie-de sei auf der Welt."
Hear them sing 'Peace on earth'.
„Frie-de sei auf der Welt."
Hear them sing 'Peace on earth'.
En-gel sing-en: „Frie-de auf der Welt."
Hear the an-gels sing-ing 'Peace on earth'.
En-gel sing-en: „Frie-de auf der Welt."
Hear the an-gels sing-ing 'Peace on earth'.
cresc.
mp cresc.

70
F
f
3. Neu-es Licht er
3. He will bring new
3. Neu-es Licht bringt er
3. He will bring new light
3. Neu-es Licht bringt er
3. He will bring new light
3. Neu-es Licht bringt er
3. He will bring new light
(cresc.)
mf ritmico
Ped.
73
bringt in die trü - ben Her - zen Wie ein Stern am
light to a world in dark - ness, Like a bright star
in die trü - ben Her - zen Wie ein Stern am
to a world in dark - ness, Like a bright star
in die trü - ben Her - zen Wie ein Stern am
to a world in dark - ness, Like a bright star
in die trü - ben Her - zen Wie ein Stern am
to a world in dark - ness, Like a bright star
sim.

76
Him - mel dort mit hel - lem Schein.
shin - ing in the skies a - bove;
Him - mel dort mit hel - lem Schein.
shin - ing in the skies a - bove;
Him - mel dort mit hel - lem Schein.
shin - ing in the skies a - bove;
Him - mel dort mit hel - lem Schein.
shin - ing in the skies a - bove;
79
Er bringt neu - e Hoff - nung für so vie - le
He will bring new hope to the wait - ing
Er bringt neu - e Hoff - - - nung
He will bring new hope
Er bringt neu - e Hoff - nung
He will bring new hope
Er bringt neu - e Hoff - - - nung für die
He will bring new hope to the

82
mf
Län - der, Wenn er dann re - giert so
na - tions When he comes to reign in
mf
für vie - le Län - der, Er re - giert so
to the na - tions When he comes in
mf
für so vie - le Län - der, Er re -
to the wait - ing na - tions When he
mf
Län - - - der, Er re -
na - - - tions When he

85
G
lieb - lich und so rein.
pu - ri - ty and love.
f
lieb - lich und so rein. Al - les ju - belt
pu - ri - ty and love. Let the earth re -
f
-giert so rein. Al - les ju - belt
comes in love. Let the earth re -
f
-giert so rein. Al - les ju - belt
comes in love. Let the earth re -
G
mp
cresc.
mf

88
f
Al-les ju - belt heut', denn er ist der Ret - ter,
Let the earth re - joice at the Sa - viour's com - ing;
heut', denn er ist der Ret - ter,
-joice at the Sa - viour's com - ing;
91
En-gel sin - gen freu - dig, er ward aus - er -
Let the hea - vens an - swer with the joy - ful
En-gel sin - gen freu - dig,
Let the hea - vens an - swer

94
H
- kor'n:
morn:
Glo - ri - a in ex-
er ward aus - er - kor'n:
with the joy - ful morn:
Glo - ri - a in ex-
- kor'n:
morn:
Glo - ri - a
aus - - er - kor'n:
with the morn:
Glo - ri - a
H
cresc.
f
97
- cel - sis De - o, Glo - ri - a in ex - cel - sis De - o!
- cel - sis De - o, Glo - ri - a in ex - cel - sis De - o!
in ex - cel - sis, Glo - ri - a in ex - cel - sis!
in ex - cel - sis, Glo - ri - a in ex - cel - sis!
dim.

100
mf
dim.
rall.
En - gel sin - gen: „Chri - stus ward ge - bor'n.“
Hear the an - gels sing - ing 'Christ is born',
„Glo - ri - a, er ward ge - bor'n.“
Hear them sing - ing 'Christ is born',
104
Tranquillo ♩ = 92
rall. al fine
p dolce
En - gel sin - gen: „Chri - stus ward ge - bor'n.“
Hear the an - gels sing - ing 'Christ is born'.
p
(Summen)
Ped.
*

Hirtenflöten-Carol

(Shepherd's Pipe Carol)

Dt. Übers.: Moritz von Freyhold

Text und Musik
JOHN RUTTER

Diese Begleitung ist auch in dreizeiliger Notation für Orgel erhältlich.

10
p
Auf dem Weg nach Beth-le-hem.
On the way to Beth-le-hem.
Hir - ten - kna-be da,
shep-herd boy pi - ping
p
A
(♪ = ♪)
S. Eng-lein in den Höh'n san - gen gar so schön: „Tanzt und singt zur
An - gels in the sky brought this mes - sage nigh: 'Dance and sing for
13
mf
legato
A. T. B. Eng - lein san - gen gar so schön: „Tanzt und singt zur
An - gels brought this mes - sage nigh: 'Dance and sing for
mf legato
A
(♪ = ♪)
mf

Freud', dass Christ der Kö-nig kommt und bringt uns Frie-den auf der
17 joy that Christ the new-born King is come to bring us peace on
Freud', dass Christ der Kö - nig bringt uns Frie-den auf der
joy that Christ the King is come to bring us peace on
mp

21 dim.
p non stacc.
B
Welt, in der Krip - pe liegt er da in Beth - le - hem."
earth, and he's ly - ing cra-dled there at Beth - le - hem.'
dim.
p non stacc.
B
dim.
p
mf

24
TENOR und BASS
mp frisch und rhythmisch
2. „Lie - ber Hir - ten - knab', spielst so schön, nun sa - ge mir,
2. 'Tell me, shep-herd boy pi - ping tunes so mer-ri - ly
p
27
S.
A.
p
Auf dem Weg nach Beth - le - hem,
On the way to Beth - le - hem,
T.
B.
mp
p
Wer wird hör'n so ein - sam
Who will hear your tunes on these
30
p
Auf dem Weg nach Beth - le - hem?"
On the way to Beth - le - hem?'
dei - ne Lie - der hier,
hills so lone - ly
p

S.
Eng - lein in___ den Höh'n san - gen gar___ so schön: „Tanzt und singt zur
An - gels in___ the sky brought this mes - sage nigh: 'Dance and sing for
33
mf
legato
A.
T.
B.
Eng - lein___ san - gen gar___ so schön: „Tanzt und singt___ zur
An - gels___ brought this mes - sage nigh: 'Dance and sing___ for
mf legato
mf
Freud', dass Christ der Kö - nig kommt und bringt uns Frie - den auf der___
joy that Christ the new - born King is come to bring us peace on___
37
Freud', dass Christ der Kö - nig bringt uns Frie - den auf der___
joy___ that Christ the King is come to bring us peace on___
mp

41
dim.
p non stacc.
Welt, in der Krip-pe liegt er da in Beth - le - hem."
earth, and he's ly - ing cra-dled there at Beth - le - hem.'
dim.
p non stacc.
dim.
p
C
45
mp dolce e legato
S.
3. „Nie-mand wird sie hör'n, in den fer - nen Ber - gen, Auf dem Weg nach Beth - le-hem;
3. 'None may hear my pipes on these hills so lone - ly On the way to Beth - le - hem;
A.
p
(Summen)
T.
p
(Summen)
B.
p
(Summen)
C

48
Doch ein Kö - nig hört mei - ne sü - ßen Lie - der,
But a King will hear me play sweet lul - la - bies

51
D
cresc.
mp
Wenn ich komm' nach Beth - le - hem."
When I get to Beth - le - hem.'
(Summen)
mf legato
En - gel stie - gen ab,
An - gels in the sky
8va
p

54
(mp)
Schweb - ten um die Krip - pe, wo das
Hov - ered o'er the man - ger where the
dim.
p
aus der Höh'_ her - ab,
came down from_ on high,
(Summen)
dim.
(8)
59
dim.
Kind-lein lag,_ schlum-mernd in den Ar - men der Mut - ter Ma - ri - a,
babe was ly-ing cra - dled in the arms of his mo - ther_ Ma - ry,
dim.
dim.
dim.
8va

62
E
pp
schläft es jetzt in Beth-le - hem.
sleep - ing now at Beth-le - hem.
pp
pp
pp
(8)
loco
E
pp
mf
66
TENOR und BASS
mf frisch
4. „Wo ist die - ser Kö - nig, oh Hir - ten - kna - be fein,
4. 'Where is this new King, shep - herd boy pi - ping mer - ri - ly,
8va
tr
tr
mp

68
mp
Ist er dort in Beth - le - hem?“
Is he there at Beth - le - hem?
mf
„Werd' ihn fin - den bald, wo der
'I will find him soon by the
mp
(8)
tr

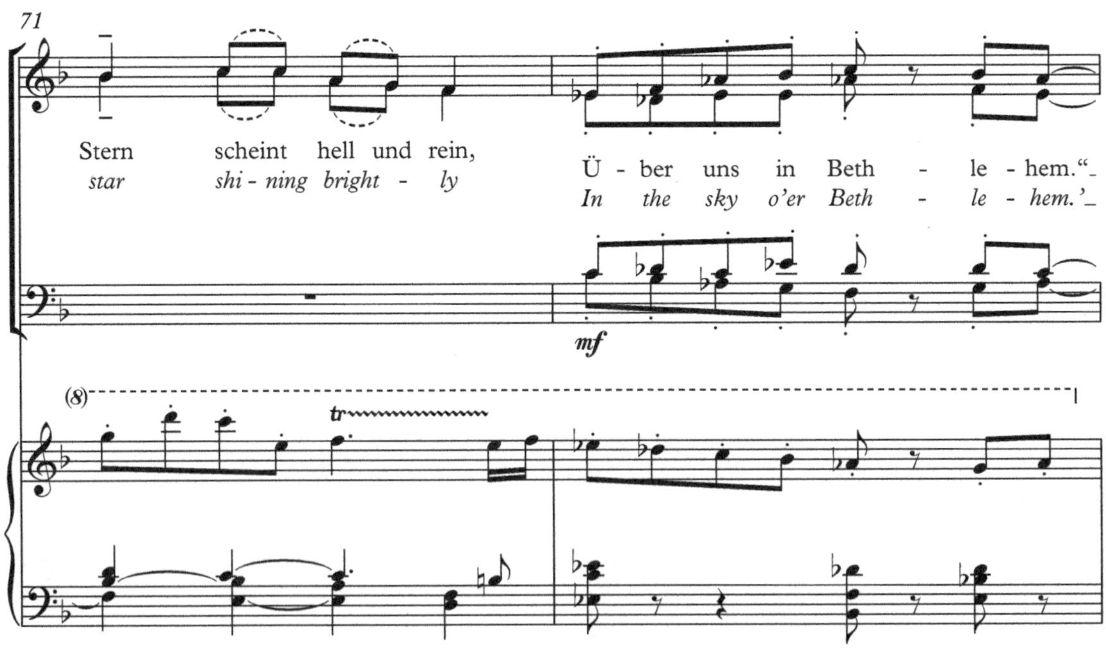
71
Stern scheint hell und rein,
star shi - ning bright - ly
Ü - ber uns in Beth - le - hem.“
In the sky o'er Beth - le - hem.'
mf
(8)
tr

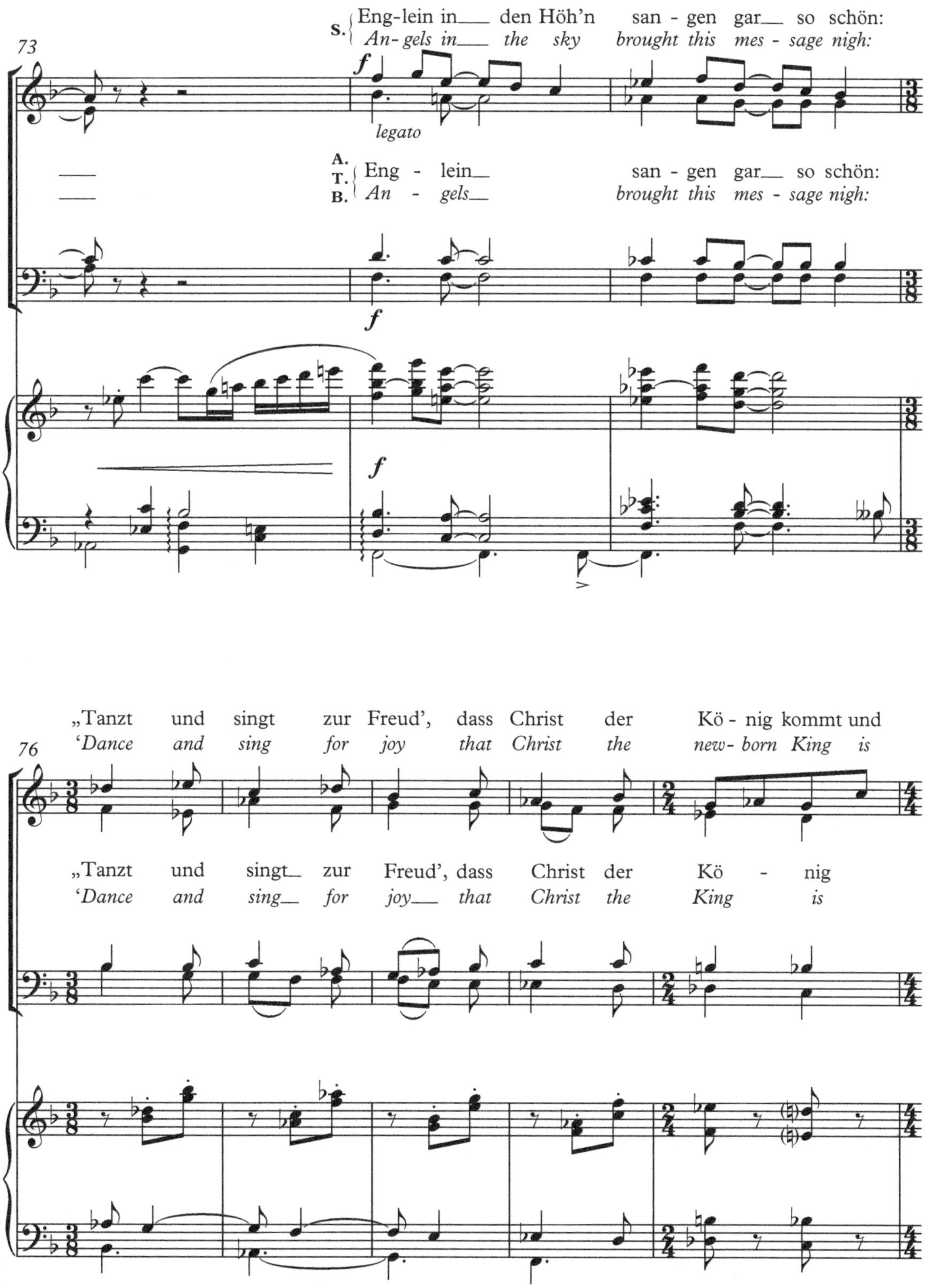
73
S.
Eng-lein in den Höh'n san - gen gar so schön:
An- gels in the sky brought this mes - sage nigh:
f
legato
A.
T.
B.
Eng - lein san - gen gar so schön:
An - gels brought this mes - sage nigh:
f
f
76
„Tanzt und singt zur Freud', dass Christ der Kö - nig kommt und
'Dance and sing for joy that Christ the new- born King is
„Tanzt und singt zur Freud', dass Christ der Kö - nig
'Dance and sing for joy that Christ the King is

81
bringt uns Frie-den auf der_ Welt,
come to bring us peace on_ earth,
dim.
mp non stacc.
bringt uns Frie-den auf der_ Welt, in der Krip-pe liegt er da in Beth - le-hem."_
come to bring us peace on_ earth, and he's ly - ing cra-dled there at Beth - le-hem.'_
dim.
mp non stacc.
tr
mf
dim.
mp
84
F
mf
5. „Darf ich dich be-glei - ten, du
5. 'May I come with you, shep-herd
mf
F
mf
legato

86
Hir - ten - kna - be, Geh'n mit dir nach Beth - le - hem?
boy pi - ping mer - ri - ly, Come with you to Beth - le - hem?
mp
mf

89
Will dem Kö - nig hul - di - gen an der Krip - pe, Ist's noch weit nach Beth - le - hem?"
Pay my hom - age too at the new King's cra - dle, Is it far to Beth - le - hem?'
mp

92
G
Eng - lein in der Höh'n
An - gels in the sky
f
En - gel
An - gels
f
G
6
f
94
san - gen gar so schön: „Tanzt und singt zur Freud', dass Christ das
brought this mes - sage nigh: 'Dance and sing for joy that Christ the
san - gen gar so schön: „Tanzt und singt zur Freud', dass Christ das
brought this mes - sage nigh: 'Dance and sing for joy that Christ the
8va
3
3
3
3

99
Je - sus - kind, ge - bo - ren heu - te Nacht
in - fant King is born this night in low - ly
dim.
Kind, ge - bo - ren heu - te Nacht in dem Stall in Ar - mut,
King is born this night in low - ly sta - ble yon - der,
dim.
mf
mp

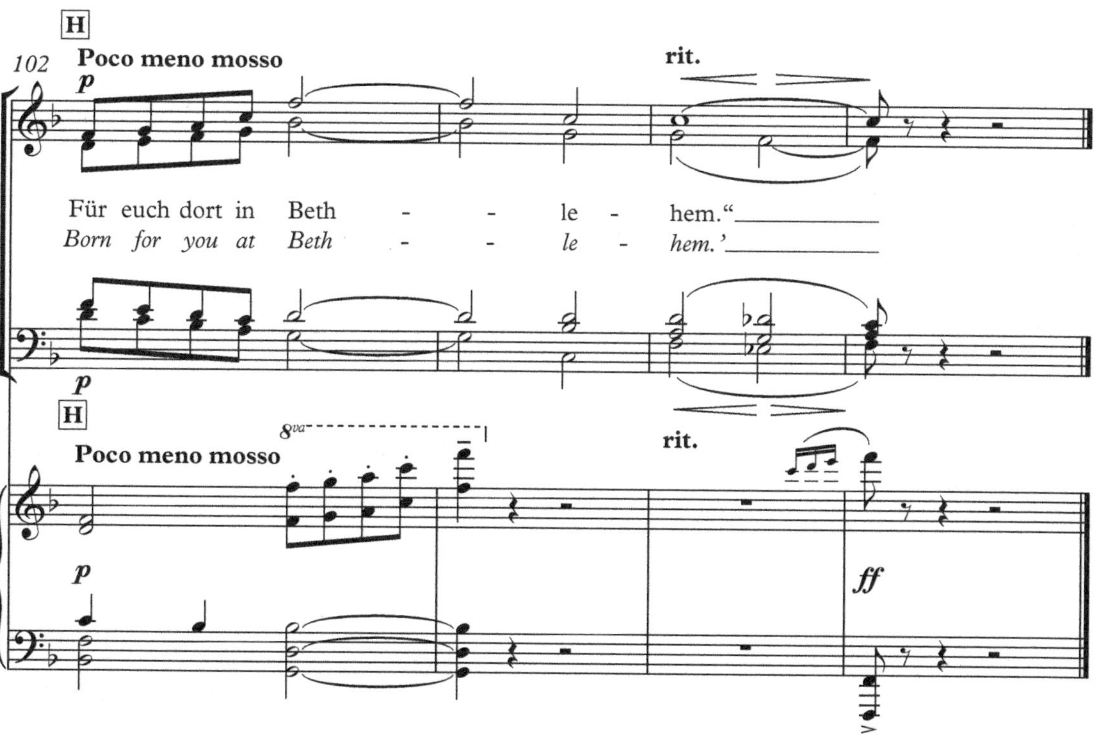
H
102
Poco meno mosso
p
rit.
Für euch dort in Beth - - le - hem."
Born for you at Beth - - le - hem.'
p
H
Poco meno mosso
8va
rit.
p
ff

Kerzenlicht-Carol

(Candlelight Carol)

Dt. Übers.: Moritz von Freyhold

Text und Musik
JOHN RUTTER

Andante con moto ♩ = 92
SOPRAN und ALT
unis.
mp legato e dolce
CHOR
ORGEL
Sw. p legato
Ch.
Sw.
Man.
Ped.
1. Wie lässt sich Wind auf dem Meer je er - fas - sen? Wie kann man al - le die Ster - ne ad - dier'n? Wie kann man Mut - ter - lie - be mes - sen, Den er - sten Schrei ei - nes Säug - lings no - tier'n?
1. How do you cap - ture the wind on the wa - ter? How do you count all the stars in the sky? How can you mea - sure the love of a mo - ther, Or how can you write down a ba - by's first cry?
cresc.
dim.
p
6
11
16

21
A
p molto legato
Ker-zen-schein, En-gel-Schein, Feu-er-schein und Stern-lein,
Can-dle-light, an-gel light, fire-light and star-glow
Ker-zen-schein, Feu-er-schein und Stern-lein,
Can-dle-light, an-gel light and star-glow
Ker-zen-schein, En-gel-schein, Feu-er-schein und Stern-lein,
Can-dle-light, an-gel light, fire-light and star-glow
(Orgel tacet)
25
cresc.
Licht auf der Krip-pe, wo Dun-kel-heit war.
Shine on his cra-dle till break-ing of dawn.
f
Glo-ri-a,
Sw. mf
(Ped.)

30
dim.
mp
dim.
glo-ri-a in ex-cel - sis De - o! Eng - lein ver - kün - den: „Das
An - gels are sing - ing; the
Glo - ri-a in ex-cel-sis De - o! Eng - lein ver - kün - den: „Das
An - gels are sing - ing; the
- a in ex-cel - sis De - o! Eng - lein ver - kün - den: „Das
An - gels are sing - ing; the
- a in ex-cel-sis De - o! Eng - lein ver - kün - den: „Das
An - gels are sing - ing, the
- a in ex-cel - sis De - o! Eng - lein ver - kün - den: „Das
An - gels are sing - ing, the
Ch.
p
35
B
S.
A.
T.
B.
Christ-kind ist da.“
Christ child is born.
Man.
Ped.

41
TENOR und BASS
unis. mp legato e dolce
2. Hir - ten und Wei - se knien und ver - ehr'n ihn,
2. Shep - herds and wise men will kneel and a - dore him,
Ch.
Sw.
45
En - gel steh'n um ihn und ge - ben gut Acht.
Se - ra - phim round him their vi - gil will keep;
49
cresc.
dim.
p
Län - der er - klär'n ihn zum Herrn und zum Ret - ter; Ma-
Na - tions pro - claim him their Lord and their Sa - viour, But
53
- ri - a, sie hält ihn und wiegt ihn zur Nacht.
Ma - ry will hold him and sing him to sleep.

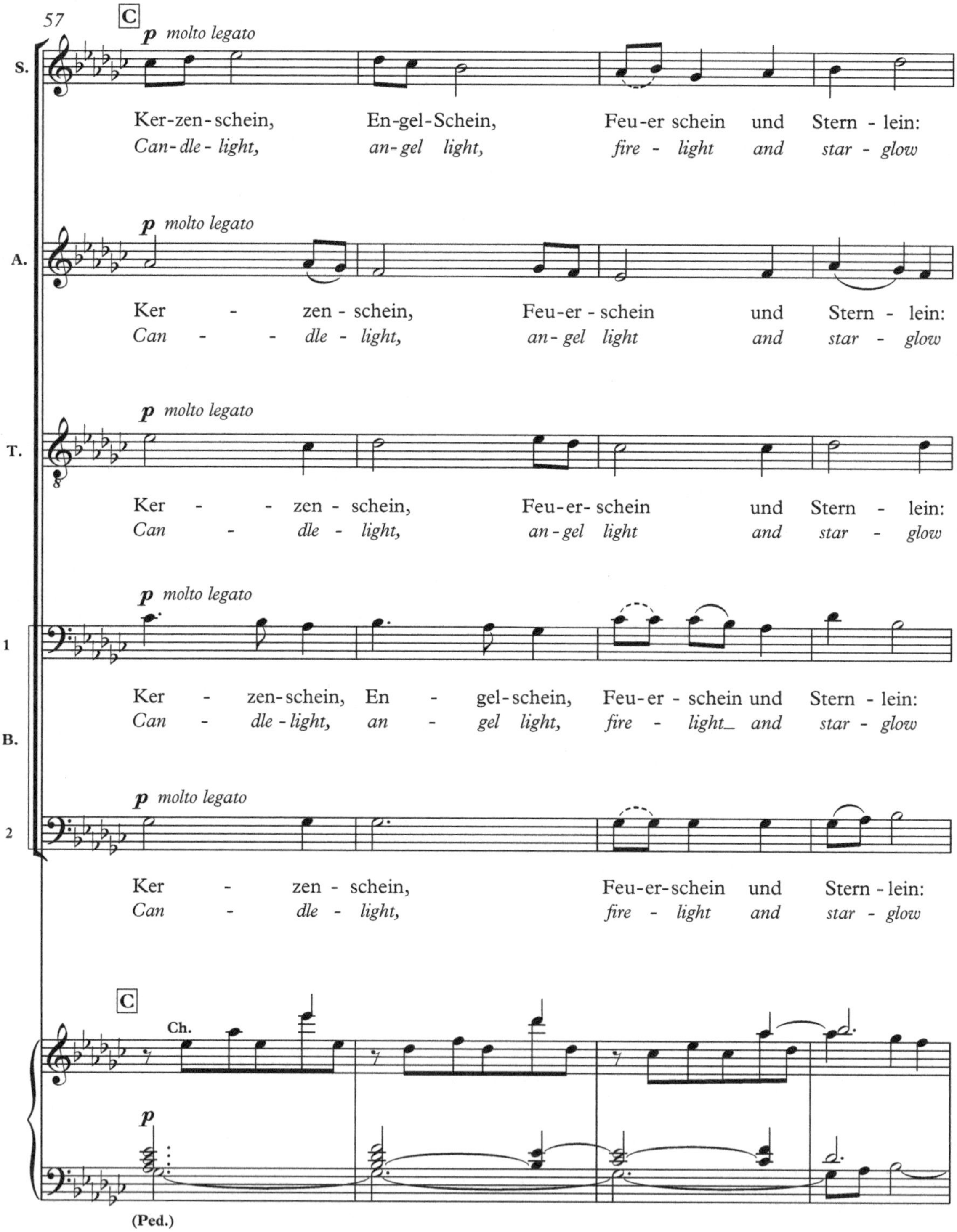
57
C
p molto legato
S.
Ker-zen-schein, En-gel-Schein, Feu-er schein und Stern - lein:
Can-dle - light, an-gel light, fire - light and star - glow
A.
Ker - zen - schein, Feu-er - schein und Stern - lein:
Can - - dle - light, an-gel light and star - glow
T.
Ker - - zen - schein, Feu-er- schein und Stern - lein:
Can - dle - light, an-gel light and star - glow
1
B.
2
Ker - zen-schein, En - gel-schein, Feu-er - schein und Stern - lein:
Can - dle - light, an - gel light, fire - light_ and star - glow
Ker - zen - schein, Feu-er-schein und Stern - lein:
Can - dle - light, fire - light and star - glow
Ch.
(Ped.)

61
cresc.
Licht auf der Krip - pe, wo Dun - kel - heit war.
Shine on his cra - dle till break - ing of dawn.
cresc.
Licht auf der Krip - pe, wo Dun - kel - heit war.
Shine on his cra - dle till break - ing of dawn.
cresc.
Licht auf der Krip - pe, wo Dun - kel - heit war.
Shine on his cra - dle till break - ing of dawn.
cresc.
Licht auf der Krip - pe, wo Dun - kel - heit war.
Shine on his cra - dle till break - ing of dawn.
cresc.
f
Licht auf der Krip - pe, wo Dun - kel - heit war. Glo -
Shine on his cra - dle till break - ing of dawn.
cresc.
mf

65
f
dim.
Glo - ri - a, glo - ri - a in ex - cel - sis De - o!
f
dim.
Glo - ri - a, Glo - ri - a, in ex - cel - sis De - o!
f
dim.
Glo - ri - a in ex - cel - sis De - o!
f
dim.
Glo - ri - a in ex - cel - sis De - o!
dim.
- - ri - a in ex - cel - sis De - o!
Sw.
dim.

69
mp
dim.
p
Eng - lein ver - kün - den: „Das Christ - kind ist da."
An - gels are sing - ing; the Christ child is born.
Eng - lein ver - kün - den: „Das Christ - kind ist da."
An - gels are sing - ing; the Christ child is born.
Eng - lein ver - kün - den: „Das Christ - kind ist da."
An - gels are sing - ing; the Christ child is born.
Eng - lein ver - kün - den: „Das Christ - kind ist da."
An - gels are sing - ing, the Christ child is born.
Eng - lein ver - kün - den: „Das Christ - kind ist da."
An - gels are sing - ing, the Christ child is born.
Ch.

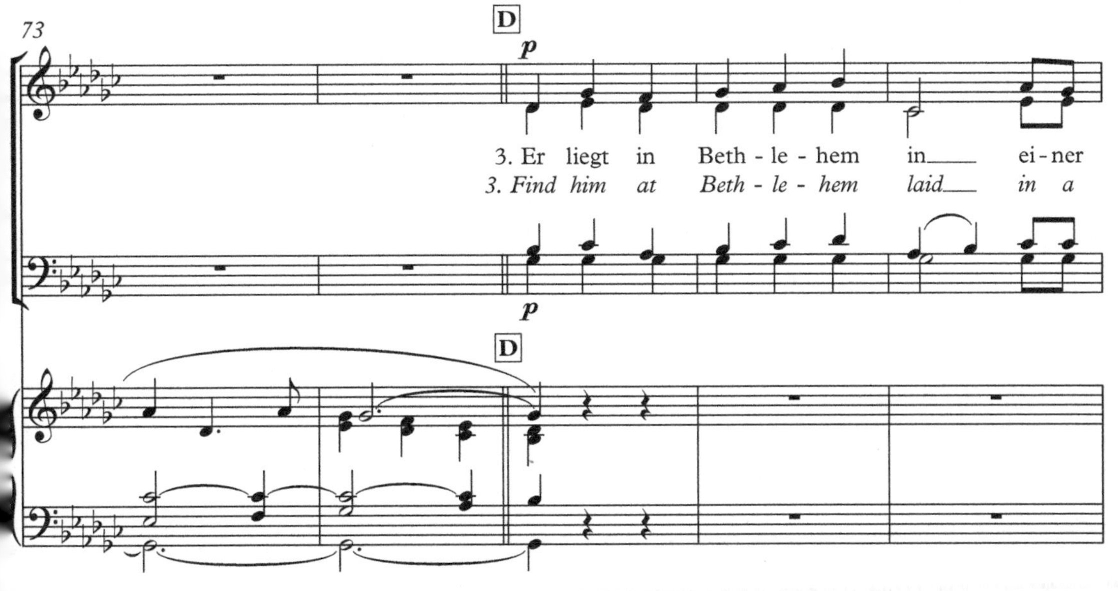
73
D
p
3. Er liegt in Beth - le - hem in ei - ner
3. Find him at Beth - le - hem laid in a

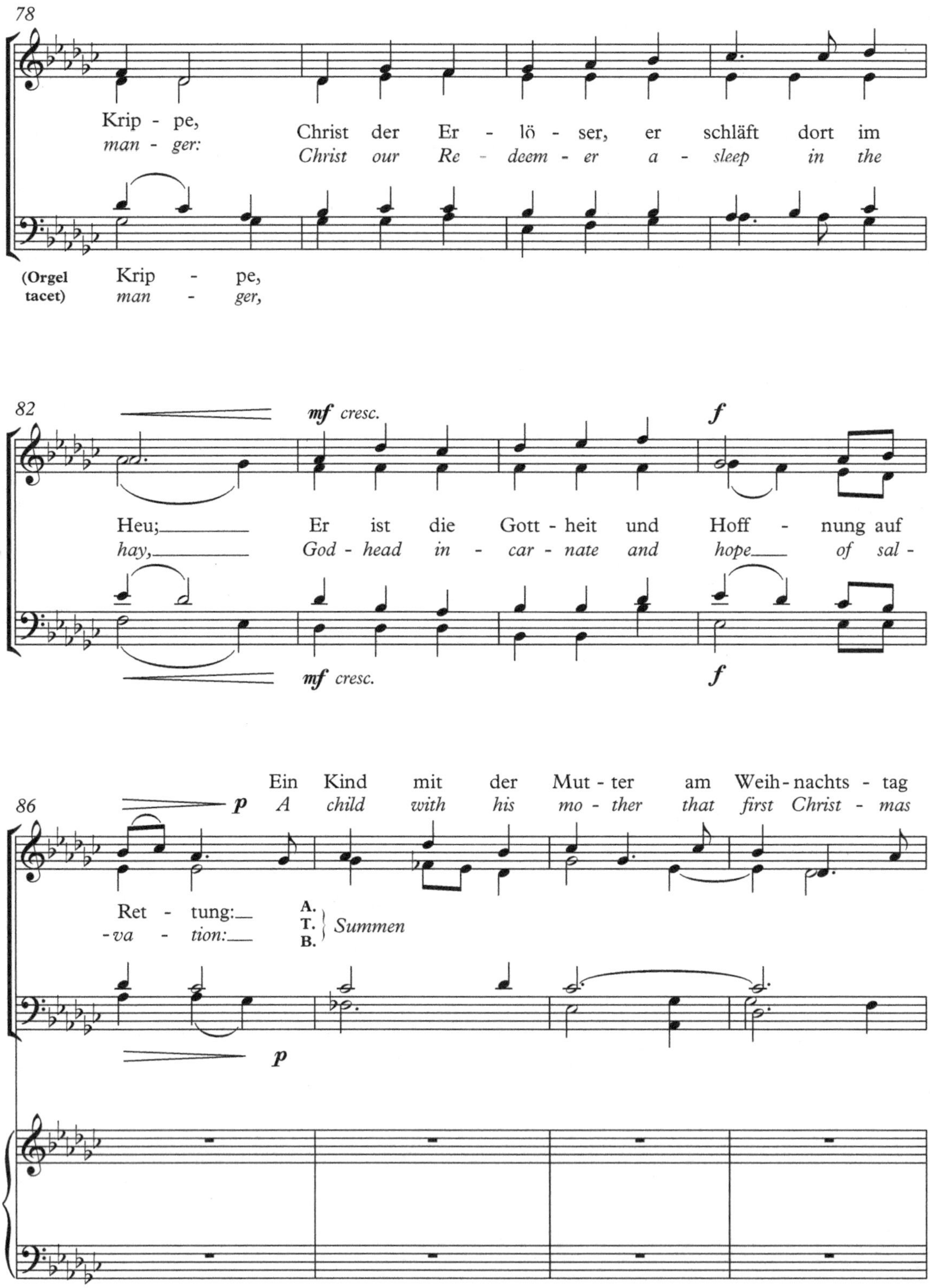
78
Krip - pe,
man - ger:
Christ der Er - lö - ser, er schläft dort im
Christ our Re - deem - er a - sleep in the
(Orgel tacet)
Krip - pe,
man - ger,
82
mf cresc.
f
Heu;
hay,
Er ist die Gott - heit und Hoff - nung auf
God - head in - car - nate and hope of sal -
mf cresc.
f
Ein Kind mit der Mut - ter am Weih - nachts - tag
86
p
A child with his mo - ther that first Christ - mas
Ret - tung:
-va - tion:
A.
T.
B.
Summen
p

90
neu.
Day.
E
Ah
molto dolce
unis.
Ker-zen-schein, En-gel-Schein, Feu-er-schein und
Can-dle-light, an-gel light, fire-light and
Ch.
E
Sw. p
Ped.
94
Ah
Stern-lein: Licht auf der Krip-pe, wo Dun-kel-heit
star-glow Shine on his cra-dle till break-ing of

98
S.
A.
T.
B.
1
2
f
dim.
Glo-ri-a, glo-ri-a in ex-cel - sis De - o!
Glo - - ri-a, glo - ri-a in ex-cel-sis De - o!
war.
dawn.
Glo - - ri - a in ex-cel - sis De - o!
Glo - ri - a in ex-cel-sis De - o!
Glo - ri - a in ex-cel - sis De - o!
Sw.
cresc.
103
rall.
mp
p
Eng - lein ver - kün - den: „Das Christ - kind ist da.“
An - gels are sing - ing; the Christ child is born.
(Summen)
Ch.

Krippen-Carol
(Nativity Carol)

Text: John Rutter
Dt. Übers.: Moritz von Freyhold

JOHN RUTTER

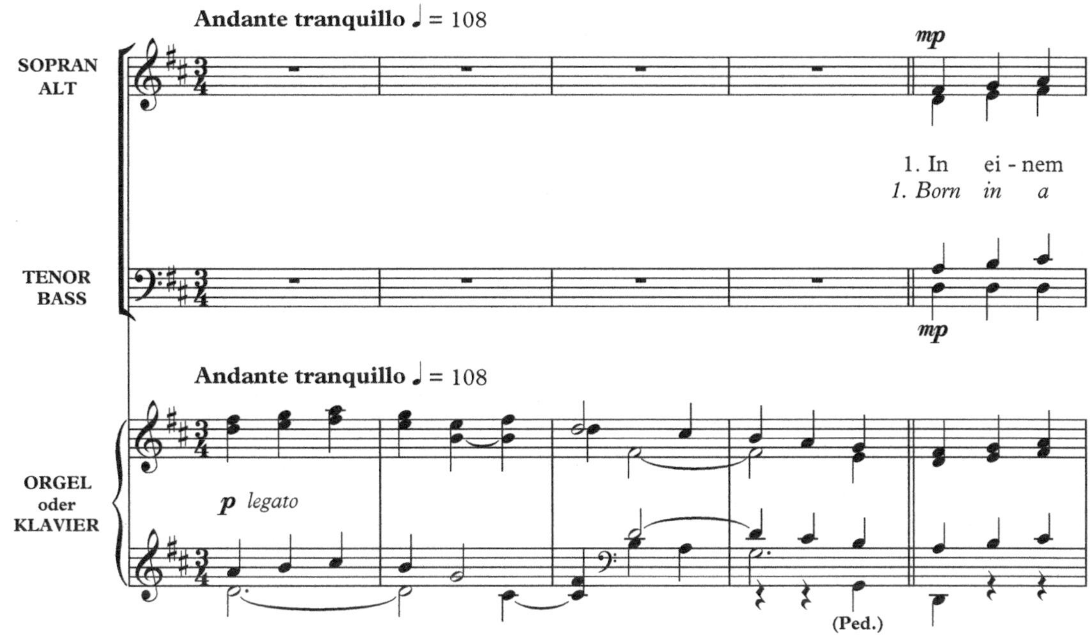

12
A
pp cresc. poco a poco
Ster - nen - meer Lag er, der liebt uns so sehr. Still war der
light of star He who loved us so. Far a -
pp cresc. poco a poco
pp cresc. poco a poco
18
sempre cresc.
Tag, weit weg er lag, Ge - bor'n heut ward, ihn huld' - gen
- way si - lent he lay, Born to - day, your hom - age
sempre cresc.
sempre cresc.
24
mag;
pay;
f
dim.
p
mag, Denn Chri - stus ward ge - bor'n, Vor lang - er Zeit aus - er -
pay, For Christ is born for aye; Born on Christ - mas
f
dim.
p
f
dim.
p

B
2. Wie - get die Mut - ter den Sohn, Leis' tönt ihr
2. Cra - dled by mo - ther so fair, Ten - der her
p
kor'n.
Day.
A.T.B. summen
p
B
(Kleine Noten am Klavier weglassen)
Schlaf - lied schön; O - ben im Him - mel klar Singt die
lul - la - by; O - ver her son so dear An - gel hosts
Eng - el - schar. Still war der Tag, weit weg er lag, Ge -
fill the sky. Far a - way si - lent he lay,
pp cresc. poco a poco
pp cresc. poco a poco
pp cresc. poco a poco

bor'n heut ward, ihn huld' - gen mag; Chri - stus ward ge -
Born to - day, your hom - age pay; Christ is born for
48
sempre cresc.
mf
dim.
sempre cresc.
mf
dim.
sempre cresc.
mf
dim.
sempre cresc.
C
- bor'n, Vor lang - er Zeit aus - er - kor'n.
aye; Born on Christ - mas Day.
54
p
p
C
p
mp
(Man.)
60
mf
3. Wei - se vom fer - nen Land, Hir - ten von Hü - geln ge -
3. Wise men from dis - tant far land, Shep - herds from star - ry
mf
(Ped.)

66
p
-sandt.__ Be - ten den Hei - land an,__ der Her - zen er - wär - men
hills___ Wor - ship this babe__ so rare,___ Hearts with his warmth he
p
72
pp cresc. poco a poco
sempre cresc.
kann._ Still war der Tag,_ weit weg__ er lag,__ Ge - bor'n_ heut
fills._ Far__ a - way___ si - lent he lay,_____ Born__ to -
pp cresc. poco a poco
sempre cresc.
78
mag;
pay;
f
dim.
ward,_ ihn huld' - gen mag,_ Denn Chri - stus ward_ ge - bor'n,___
-day,_ your hom - age pay,_ For Christ_ is born_ for aye;___
f
dim.
84
p
D
unis.
pp espress. e dolce
Vor lang - er Zeit aus - er - kor'n. 4. Lie - be ge - bo - ren im
Born_ on Christ - mas_ Day. 4. Love in that sta - ble was
unis.
p
pp espress. e dolce
D
p
pp

90
Stall, In un - ser Herz floss sie all'; Un-schul-dig träu-men-des
born In - to our hearts_ to flow; In - no - cent dream - ing
96
S.
p
cresc. poco a poco
Kind, Mach, dass die Lie - be ich find'. Still der Tag, weit er
babe, Make me thy love to know. Far a - way si - lent
A.
pp cresc. poco a poco
Kind, Mach, dass die Lie - be ich find'. Still war der Tag, weit
babe, Make me thy love to know. Far a - way
T.
pp cresc. poco a poco
Kind, Mach, dass die Lie - be ich find'. Still war der Tag, weit
babe, Make me thy love to know. Far a - way
B.
pp cresc. poco a poco
Kind, Mach, dass die Lie - be ich find'. Still war der Tag, weit
babe, Make me thy love to know. Far a - way
cresc. poco a poco

102
sempre cresc.
f
lag, Ge - bor'n, ihn huld' - gen mag;
lay, To - day your hom - age pay;
weg er lag, Ge - bor'n heut ward, ihn huld' - gen mag;
si - lent he lay, Born to - day, your hom - age pay;
mf
108
mp
pp
rit.
Chri - stus ward ge - bor'n, Vor lang - er Zeit aus - er - kor'n.
Christ is born for aye; Born on Christ - mas Day.
Vor lang - er Zeit aus - er - kor'n.
Born on Christ - mas Day.
p

Sternen-Carol

(Star Carol)

Dt. Übers.: Moritz von Freyhold

Text und Musik
JOHN RUTTER

Fröhlich ♩ = 136
KLAVIER
mf leggiero
S.
A.
T.
B.
mf lightly
1. Singt heut' Nacht, denn ein Knäb-lein ward ge - bo - ren,
1. Sing this night, for a boy is born in Beth-le-hem,
mf
1. Singt heut' Nacht,
1. Sing this night,
Un - ser Herr liegt in ei - ner Krip-pe dort.
Christ our Lord in a low - ly man-ger lies;
Freu - et euch, bring - et
Bring your gifts, come and
Un - ser Herr,
Christ our Lord,
Freu - et euch,
Bring your gifts,

*Wahlweise mit Kinderchor und/oder Zuhörer, die Sopranlinie singend.

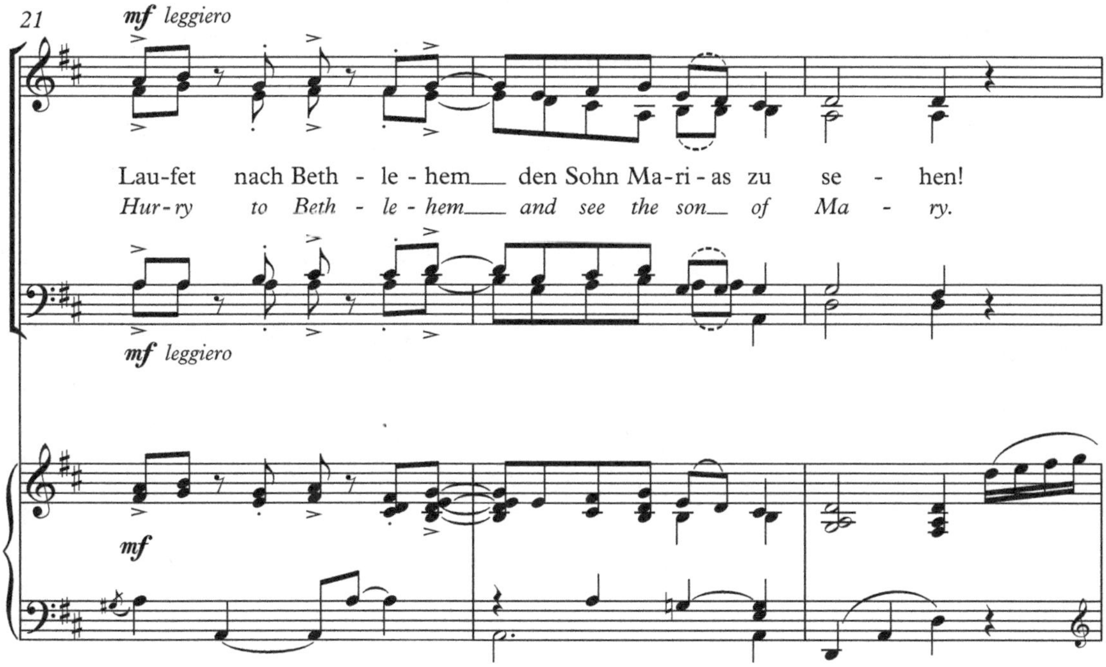
21
mf leggiero
Lau-fet nach Beth - le - hem den Sohn Ma-ri - as zu se - hen!
Hur - ry to Beth - le - hem and see the son of Ma - ry.
mf leggiero
mf

24
B
mf
2. Höch - ste Pracht bring-en
2. An - gels bright, come from
mf
2. Höch - ste Pracht,
2. An- gels bright
B
tr
mf

27
En - gel aus dem Him - mel dar, Kom - men her und ver - kün - den gro - ße Freud':
hea - ven's high - est glo - ry, Bear the news with its mes - sage of good cheer:
Kom - men her,
Bear the news
30
p leggiero
„Sing - et laut, denn ein Kö - nig kommt als Ret - ter, Lau - fet nach Beth - le - hem,
'Sing, re - joice, for a King is come to save us, Hur - ry to Beth - le - hem
„Sing - et laut,
'Sing, re - joice,
p leggiero
p leggiero

33
den Sohn Ma - ri - as zu se - hen!“
and see the son of Ma - ry!’
mf
cresc.
36
f
Seht den Stern, gebt gut Acht, Er scheint hell in der Weih - nachts - nacht!
See his star shin - ing bright In the sky this Christ - mas Night!
f
f
Ped.
sim.
40
mf leggiero
Kommt mit mir freu - dig hier, Lau - fet nach Beth - le - hem,
Fol - low me joy - ful - ly; Hur - ry to Beth - le - hem
mf leggiero
mf

43
den Sohn Ma-ri-as zu se - hen!
and see the son of Ma - ry.
p
47
C
p dolce e legato
3. Seht, er liegt bei der Mut - ter sanft ge - bor - gen; Je - sus Chri - stus in
3. See, he lies in his mo - ther's ten - der keep - ing; Je - sus Christ in her
p dolce e legato
(Summen)
p dolce e legato
(Summen)
p dolce e legato
(Summen)
C

50
ih - ren Ar - men ruht. Hir - ten be - ten ihn an___ und ver - eh - ren ihn,
lov - ing arms a - sleep. Shep - herds poor, come to wor - ship and a - dore___ him,

53
Brin - gen die Ga - ben dar___ für ihn, den Sohn der Ma - ri - a.
Of - fer their hum - ble gifts___ be - fore the son___ of Ma - ry.
p

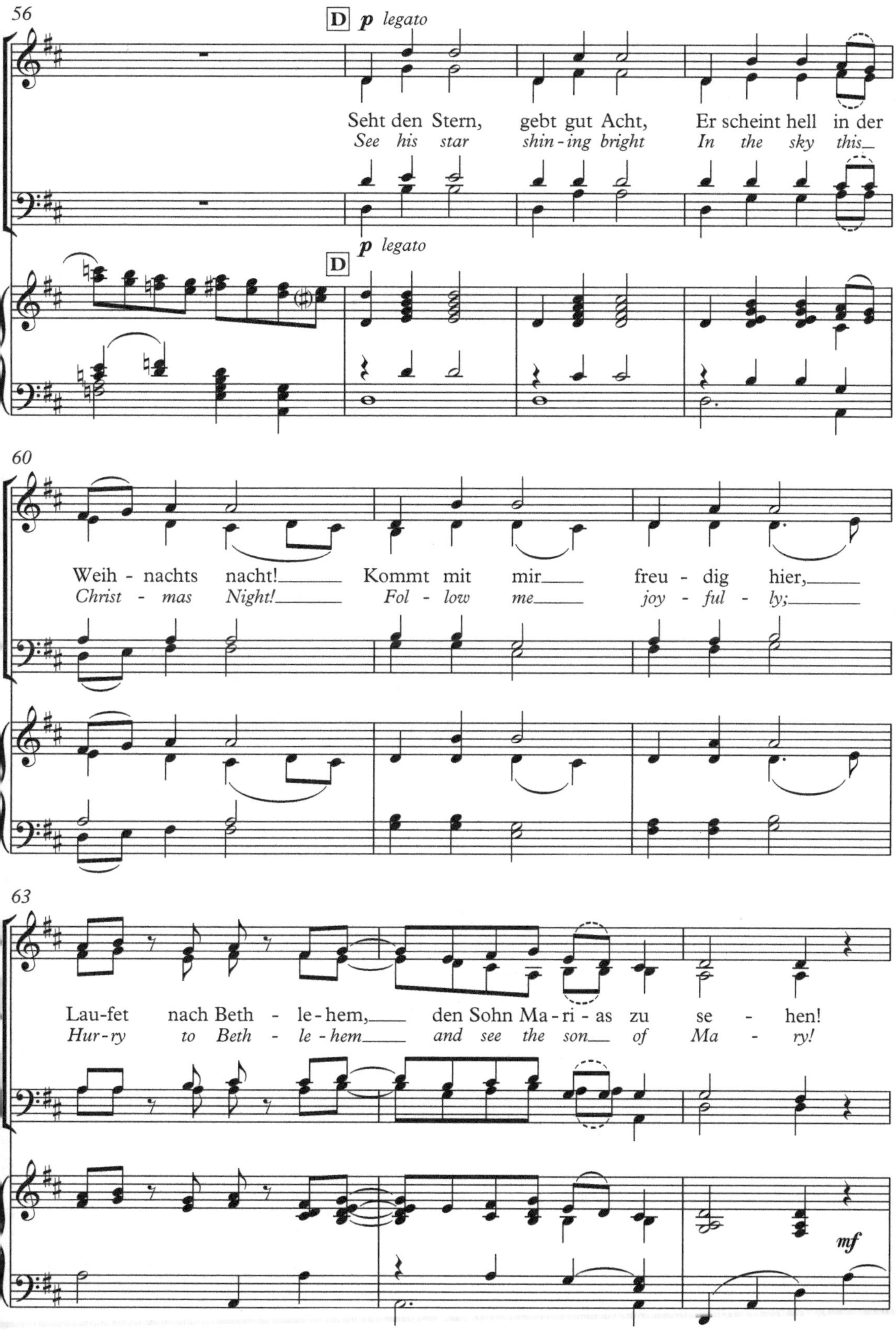
56
D
p legato
Seht den Stern, gebt gut Acht, Er scheint hell in der
See his star shin - ing bright In the sky this
p legato
D
60
Weih - nachts nacht! Kommt mit mir freu - dig hier,
Christ - mas Night! Fol - low me joy - ful - ly;
63
Lau-fet nach Beth - le - hem, den Sohn Ma - ri - as zu se - hen!
Hur - ry to Beth - le - hem and see the son of Ma - ry!
mf

66
E
f
4. Lasst uns all' bei der
4. Let us all pay our
69
Krip-pe ihn ver-eh - ren, Prei-sen ihn in der fro - hen Weih-nachts-nacht.
hom-age at the man - ger, Sing his praise on this joy - ful Christ - mas Night;
72
mf
Christ ist da, bringt uns Hoff-nung auf Er- ret - tung, Lau-fet nach Beth - le - hem,
Christ is come, bring-ing pro - mise of sal - va - tion; Hur-ry to Beth - le - hem

75
den Sohn Ma - ri - as zu se - hen!
and see the son of Ma - ry!
cresc.
78
F
f
Seht den Stern, gebt gut Acht, Er scheint hell in der
See his star shin - ing bright In the sky this
Ped.
sim.
81
Weih - nachts - nacht! Kommt mit mir freu - dig hier,
Christ - mas Night! Fol - low me joy - ful - ly;

84
G
mf
cresc.
Lau-fet nach Beth - le - hem___ und seht den Sohn der Ma - ri - a,
Hur-ry to Beth - le - hem___ and see the son___ of Ma - ry,
mf
cresc.
G
mf
cresc.

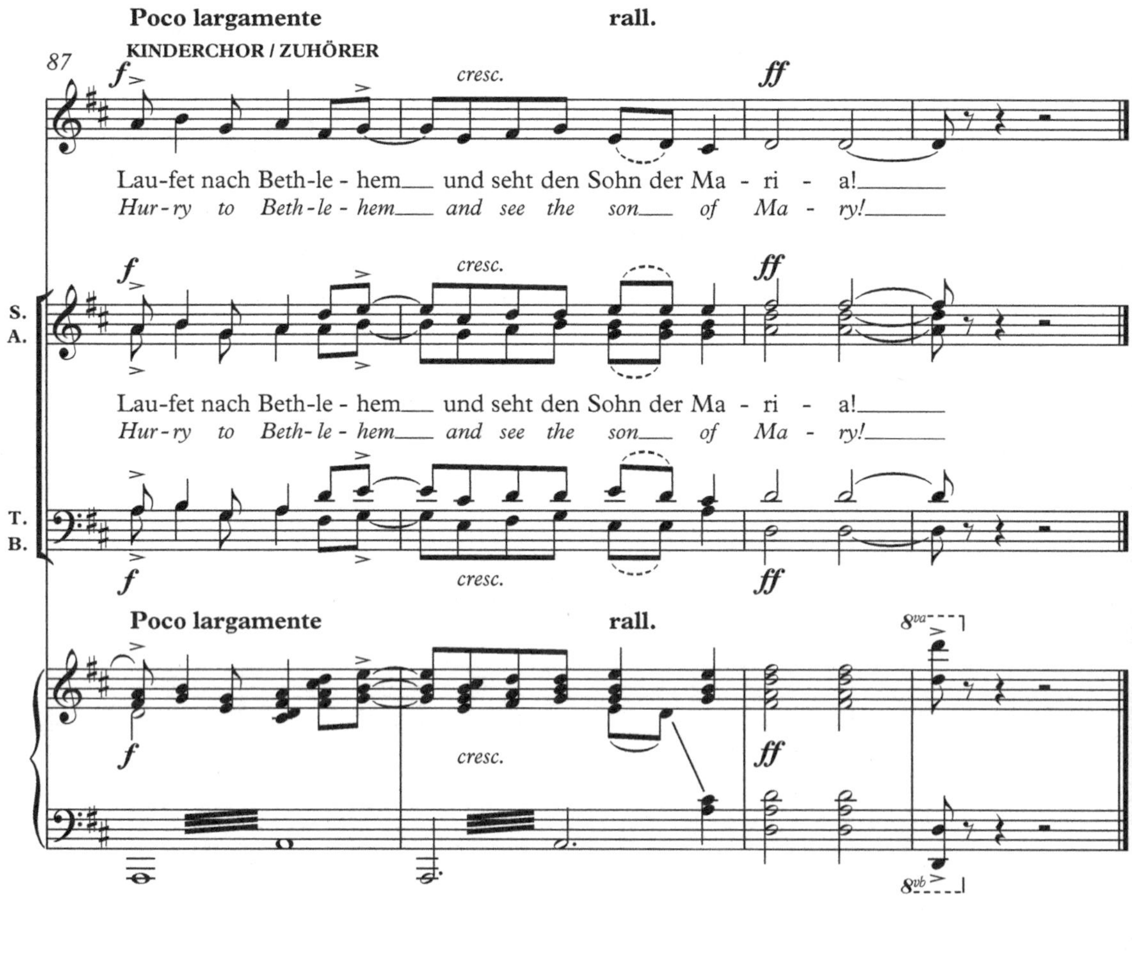
Poco largamente
rall.
KINDERCHOR / ZUHÖRER
87
f
cresc.
ff
Lau-fet nach Beth-le - hem___ und seht den Sohn der Ma - ri - a!___
Hur-ry to Beth-le - hem___ and see the son___ of Ma - ry!___
S.
A.
T.
B.
Lau-fet nach Beth-le - hem___ und seht den Sohn der Ma - ri - a!___
Hur-ry to Beth-le - hem___ and see the son___ of Ma - ry!___
Poco largamente
rall.
8va
8vb

Welch süß're Klänge

(What sweeter music)

*Text: Robert Herrick
(1591–1674)
Dt. Übers.: Moritz von Freyhold

JOHN RUTTER

*Leicht gekürzt und angepasst

13
poco meno mosso
T.
B.
Nacht, sie geh' vor-bei, Dass die-ser Tag voll Eh-re sei, De-zem-ber
night, fly hence a-way, And give the ho-nour to this day That sees De-
17
poco rit.
a tempo
♩ = 66
S.
A.
pp
De-zem-ber wird durch ihn zum Mai.
That sees De-cem-ber turn'd to May.
dim.
T.
B.
mp cantabile
wird durch ihn zum Mai, Wa-rum ein
-cem-ber turn'd to May, Why does the
pp
poco rit.
a tempo
♩ = 66
dim.
p
mp
21
unis.
T.
B.
Win-ter-mor-gen kalt Läch-elt wie Blu-men in dem Wald? Es duf-tet der
chill-ing win-ter's morn Smile, like a field be-set with corn? Or smell like a
Ped.

25
unis.
mf
mp
Wie - se fri - sches Gras, Kannst du es ah - nen? Sie - he da! Wa - rum es
mea - dow new - ly shorn Thus on the sud - den? Come and see The cause, why
29
SOPRAN div.
Heut' ist ge - bo - ren un - ser
'Tis he is born, whose quick-'ning
ALT
Heut' ist ge - bo - ren un - ser
'Tis he is born, whose quick-'ning
duf - tet wun - der - bar:
things thus frag - rant be:
Fl.
Man.
32
Herr, Bringt hel - len Glanz und Freu - de her, Dem Him - mel und der Welt viel -
birth Gives life and lu - stre, pub - lic mirth, To hea - ven and the un - der -
Herr, Bringt hel - len Glanz und Freu - de her, Dem Him - mel und der Welt viel -
birth Gives life and lu - stre, pub - lic mirth, To hea - ven and the un - der -
p
(Man.)

36
p molto legato
unis.
S.
-mehr. Wir seh'n ihn kom - men, bei uns sein, Er, der mit
earth. We see him come, and know him ours, Who, with his
A.
mehr. Wir seh'n ihn kom - men, bei uns sein, Er, der mit
- earth. We see him come, and know him ours, Who, with his
T.
Wir seh'n ihn kom - men, bei uns sein, Er, der mit
We see him come, and know him ours, Who, with his
B.
Wir seh'n ihn kom - men, bei uns sein, Er, der mit
We see him come, and know him ours, Who, with his
39
mp
Re - gen, Son-nen- schein Lässt all das Land er - blü - hen rein, lässt all das
sun - shine and his show'rs, Turns all the pa - tient ground to flow'rs, turns all the
Re - gen, Son-nen- schein Lässt das Land er - blü - hen rein, lässt all das
sun - shine and his show'rs, Turns the pa - tient ground to flow'rs, turns all the
Re - gen, Son-nen- schein Lässt das Land er - blü - hen rein, lässt all das
sun - shine and his show'rs, Turns the pa - tient ground to flow'rs, turns all the
Re - gen, Son-nen- schein lässt all das
sun - shine and his show'rs, turns all the

43
mf
p
div.
Land er - blü - hen rein. Der Schatz der Welt nun
pa - tient ground to flow'rs. The dar - ling of the
Land er - blü - hen rein. Der Schatz der Welt nun
pa - tient ground to flow'rs. The dar - ling of the
Land er - blü - hen rein. Der Schatz der Welt nun
pa - tient ground to flow'rs. The dar - ling of the
Land er - blü - hen rein.
ground to flow'rs.
46
zu uns kam, Ein Zim-mer woll'n wir fin-den warm, Für ihn zur Ruh', für
world is come, And fit it is, we find a room To wel-come him, to
zu uns kam, Ein Zim-mer woll'n wir fin-den warm, Für ihn zur Ruh', für
world is come, And fit it is, we find a room To wel-come him, to
zu uns kam, Ein Zim - mer fin - den für
world is come, we find a room to
pp
Man.

50
ihn zur Ruh'.
wel-come him.
ihn zur Ruh'.
wel-come him.
mp
cresc.
ihn zur Ruh'. Von höch-stem Wert in un-serm Le-ben ist das
wel-come him. The no-bler part of all the house here, is the
mp
cresc.
Von höch-stem Wert in un-serm Le-ben ist das
The no-bler part of all the house here, is the
mp
cresc.
Ped.
53
mp
Das wir ihm ge-ben wer-den ganz Mit die-sem
Which we will give him; and be-queath This
mp
Das wir ihm ge-ben wer-den ganz Mit
Which we will give him; and be-queath This
mf
mp
Herz, Das wir ihm ge-ben wer-den ganz Mit
heart, Which we will give him; and be-queath This
mf
mp
Herz, Das wir ihm ge-ben wer-den ganz Mit
heart, Which we will give him; and be-queath This
p

56
Zweig und die-sem Weih-nachts-kranz,
hol-ly, and this i-vy wreath,
Zweig und die-sem Weih-nachts-kranz,
hol-ly, and this i-vy wreath,
mf
Zweig und die-sem Weih-nachts-kranz, Bringt un-serm Kö-nig Eh-re
hol-ly, and this i-vy wreath, To do him ho-nour; who's our
mp mf
Zweig und die-sem Weih-nachts-kranz, Bringt un-serm Kö-nig Eh-re
hol-ly, and this i-vy wreath, To do him ho-nour; who's our
mp
Ped.
59
mf poco f mf p
Es singt die gan-ze Ju-bel-schar.
And Lord of all this re-vel-ling.
poco f mf p
dar, Es singt die gan-ze Ju-bel-schar.
King, And Lord of all this re-vel-ling.
poco f mf p
dar, Es singt die gan-ze Ju-bel-schar.
King, And Lord of all this re-vel-ling.

62
pp molto dolce
Welch süß' - re Klän - ge brin - gen
What sweet - er mu - sic can we
pp molto dolce
(Ped.)
65
wir Als un - s're Weih - nachts - lie - der dir? Ein himm - li - scher
bring Than a ca - rol, for to sing The birth of

poco rit.
poco meno mosso
68
mp
p
Kö - nig ward ge - bor'n. Himm - li - scher Kö - nig,
this our heav'n-ly King, the birth of this our
Kö - nig ward ge - bor'n. (Summen)
this our heav'n-ly King,
Kö - nig ward ge - bor'n. (Summen)
this our heav'n-ly King,
div.
Kö - nig ward ge - bor'n. (Summen)
this our heav'n-ly King,
71
rit.
a tempo
dim.
pp
du warst ge - bor'n.
hea - ven - ly King.
(Ped.)

Wiegenlied zu Weihnachten

(Christmas Lullaby)

Text und Musik
JOHN RUTTER

Dt. Übers.: Moritz von Freyhold

16
p
- si - as; Doch nur___ ein Kind mit der Mut - ter liegt da.
- si - ah; But on - ly a mo - ther and ba - by lie there.
p

A
21
pp dolce
„A - ve Ma - ri - a, a - ve Ma - ri - a“, Leis’ tönt das
Hear the soft
pp dolce
„A - ve Ma - ri - a,___ a - ve Ma - ri - a“, Leis’ tönt das_
Hear the soft_
pp dolce
„A - ve Ma - ri - a, a - ve Ma - ri - a“, Leis’ tönt das_
Hear the soft_
pp dolce
„A - ve Ma - ri - a, a - ve Ma - ri - a“,___ Leis’ tönt das
Hear the soft
A
pp

26
mf
Wie-gen-lied der En-gel-schar fern. „A - ve Ma - ri - a,
lul - la - by the an - gel hosts sing. „A - ve Ma - ri - a,
31
p
a - ve Ma - ri - a, Jung - frau und Mut - ter des Kö - nigs, des
Mai - den, and mo - ther of Je - sus our

36
Herrn.“
King'.
Ch. Fl.
41 B TENOR und BASS
p
2. Wo ist sein Hof-staat und wo sei-ne Die-ner? Hat we-der
2. Where are his cour-tiers, and who are his peo-ple? Why does he
46
SOPRAN und ALT
mp
Zep-ter noch Kro-ne noch Thron. Hir-ten sind Für-sten, die Ar-men sein
bear nei-ther scep-tre nor crown? Shep-herds his cour-tiers, the poor for his
mp
52
p
treu-es Volk, Der Frie-den sein Zep-ter, die Lieb' sei-ne Kron.
peo-ple, With peace as his scep-tre and love for his crown.
p

57
C
pp dolce
S.
„A - ve Ma - ri - a, a - ve Ma - ri - a“, Leis’ tönt das
Hear the soft
A.
„A - ve Ma - ri - a, a - ve Ma - ri - a“, Leis’ tönt das
Hear the soft
T.
„A - ve Ma - ri - a, a - ve Ma - ri - a“, Leis’ tönt das
Hear the soft
B.
„A - ve Ma - ri - a, a - ve Ma - ri - a“, Leis’ tönt das
Hear the soft
Man.
pp
Ped.
62
mf
Wie-gen-lied der En - gel - schar fern.
lul - la - by the an - gel hosts sing.
„A - ve Ma - ri - a,
„A - ve Ma - ri - a,
„A - ve Ma - ri - a,
„A - ve Ma - ri - a,

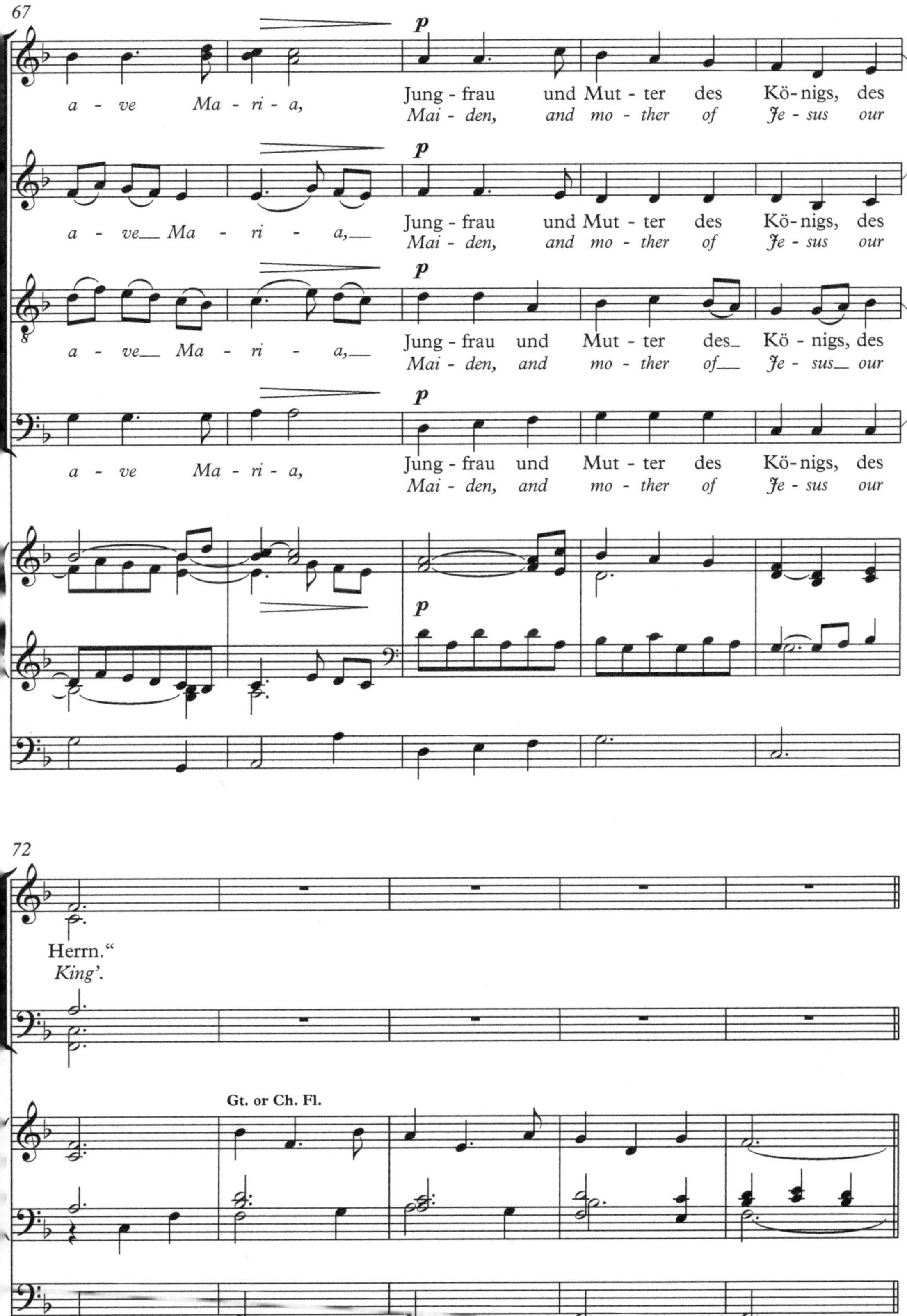
67
p
a - ve Ma - ri - a, Jung - frau und Mut - ter des Kö - nigs, des
Mai - den, and mo - ther of Je - sus our
a - ve Ma - ri - a, Jung - frau und Mut - ter des Kö - nigs, des
Mai - den, and mo - ther of Je - sus our
a - ve Ma - ri - a, Jung - frau und Mut - ter des Kö - nigs, des
Mai - den, and mo - ther of Je - sus our
a - ve Ma - ri - a, Jung - frau und Mut - ter des Kö - nigs, des
Mai - den, and mo - ther of Je - sus our
72
Herrn."
King'.
Gt. or Ch. Fl.

3. Sind eu - re Ga - ben_ auch Gold nicht und Weih - rauch, Bringt sie mit_
3. What though your trea - sures_ are not gold or in - cense?_ Lay them be -
Lie - be im Her - zen ihm dar.___
- fore him with hearts full of love.___
Preist nun das Christ - kind_ und
Praise to the Christ child,_ and
preist sei - ne_ Mut - ter, Die lie - bend uns_ heut' ei - nen Ret - ter_ ge -
praise to his_ mo - ther Who bore us a_ Sa - viour by grace from a -

92
E
p
- bar. „A - ve Ma - ri - a“, Lei - se
- bove. Hear, O
- bar. „A - ve Ma - ri - a“, Lei - se
- bove. Hear, O
mp
- bar. „A - ve Ma - ri - a, a - ve Ma - ri - a“,
- bove.
- bar. „A - ve Ma - ri - a, a - ve Ma - ri - a“,
- bove.
Sw.
97
tönt das Wie - gen-lied der En - gel fern.
hear the lul - la - by the an - gels sing.
tönt das Wie - gen-lied der En - gel fern. „A -
hear the lul - la - by the an - gels sing.
Leis' tönt das Wie-gen-lied der En - gel - schar fern.
Hear the soft lul - la - by the an - gel hosts sing.
Leis' tönt das Wie-gen-lied der En - gel - schar fern.
Hear the soft lul - la - by the an - gel hosts sing.

101
f dolce
„Ave Maria, ave Maria,
ve Maria, ave Maria,
„Ave Maria, ave Maria,
„Ave Maria, ave Maria,
105
p
rall.
pp
Jung-frau und Mut-ter des Kö-nigs, des Herrn."
Mai-den, and mo-ther of Je-sus our King'.